Heinz Erhardt

... noch'n Gedicht

RICHARZ GESCHENKBIBLIOTHEK
Bücher in großer Schrift

Zugeeignet allen denen, die Sinn für Unsinn haben

Heinz Erhardt

... noch'n Gedicht

und andere Ungereimtheiten

Richarz Geschenkbibliothek
Verlag CW Niemeyer

Die Deutsche Bibliothek – CIP-Einheitsaufnahme

Erhardt, Heinz:
... noch'n Gedicht und andere Ungereimtheiten / Heinz Erhardt. –
1. Aufl. – Hameln : Niemeyer, 1991
(Richarz Geschenkbibliothek, Bücher in großer Schrift)
ISBN 3-87585-757-7

Lizenzausgabe mit freundlicher Genehmigung
des Fackelträger Verlages GmbH, Hannover

Textzeichnungen: Dieter Harzig
Umschlag: Christiane Rauert, Dortmund
1. Auflage 1991
Gesamtherstellung: Ueberreuter Buchproduktion, Korneuburg
Printed in Austria
ISBN 3-87585-757-7

Zu Beginn

Es war an einem 20. Februar.
Das Thermometer zeigte 11 Grad minus und die Uhr 11 Uhr vormittags, als vor unserem Haus das Hauptwasserrohr platzte. Im Nu war die Straße überschwemmt und im gleichen Nu gefroren. Die umliegenden Kinder kamen zuhauf, um auf ihren Schuhen schlitt zu laufen.
Ich selbst konnte mich an diesem fröhlichen Treiben nicht beteiligen, weil ich noch nicht geboren war.
Dieses Ereignis fand erst gegen Abend statt.
Und da war die Eisbahn längst gestreut und unbrauchbar geworden.
Das Eislaufen habe ich bis heute nicht gelernt. Auch schwimmen kann ich nicht. Aber zeichnen!

Also zeichne ich
hochachtungsvoll
Ihr

Der Geiger

Unterm Arm die Violine,
auf dem Haupte Brillantine,
so besteigt mit ernster Miene
er die kunstdurchseuchte Bühne.
Mit den Haaren von dem Pferde
streicht er, weit entrückt der Erde,
voll Gefühl und Herzenswärme
über straff gespannte Därme.
Und der Lauscher dieser Handlung
denkt, infolge innrer Wandlung,
an die Pfoten grauer Katzen:
auch ein Geiger kann gut kratzen!

Die Tänzerin

Erst tanzt sie nach rechts, dann tanzt sie nach links,
dann bleibt sie in der Mitte.
Dann tanzt sie nach links und wieder nach rechts,
sie hat so ihre Schritte.
Dann hebt sie den Arm, dann senkt sie das Haupt,
voll Schmerz sind ihre Züge.
Dann hebt sie das Haupt, dann senkt sie den Arm,
sie tanzt »Die fromme Lüge«.
Dann geht sie zurück und dann geht sie vor,
sehr schön ist dieser Vorgang.
Dann reißt sie sich hoch und dann fällt sie hin,
und dann fällt auch der Vorhang.

In vier Zeilen
(Erste Folge)

Ich wälze nicht schwere Probleme
und spreche nicht über die Zeit.
Ich weiß nicht, wohin ich dann käme,
ich weiß nur, ich käme nicht weit.

»Ich hol' vom Himmel dir die Sterne«,
so schwören wir den Frauen gerne.
Doch nur am Anfang! Später holen
wir nicht mal aus dem Keller Kohlen.

Voller Sanftmut sind die Mienen
und voll Güte ist die Seele,
sie sind stets bereit zu dienen,
deshalb nennt man sie Kamele.

Ein Naßhorn und ein Trockenhorn
spazierten durch die Wüste,
da stolperte das Trockenhorn,
unds Naßhorn sagte: »Siehste!«

Ich finde solche, die von ihrem Geld erzählen
und solche, die mit ihrem Geiste protzen
und solche, die erst beten und dann stehlen,
ich finde solche, Sie verzeihn, zum Kotzen.

Es soll manchen Dichter geben,
der muß dichten, um zu leben.
Ist das immer so? Mitnichten,
manche leben, um zu dichten.

Wenn die Opern dich umbrausen
mit Getön,
dann genieße auch die Pausen:
sie sind schön.

Manche Dichter gibt es, die be-
nötigen der Sachen vier:
einen guten Reim auf Liebe,
Feder, Tinte und Papier.

Die Sängerin

Reihen, Stühle, braune, harte.
Eintritt gegen Eintrittskarte.
Damen viel. Vom Puder blasse.
Und Programme an der Kasse.
Einer drückt. Die erste Glocke.
Sängerin rückt an der Locke.

Leute strömen. Manche kenn' ich.
Garderobe fünfzig Pfennig.
Wieder drückt man. Zweite Glocke.
Der Begleiter glättet Socke.
Kritiker erscheint und setzt sich.
Einer stolpert und verletzt sich.

Sängerin macht mi-mi-mi.
Impresario tröstet sie.
Dritte Glocke. Schrill und herrisch.
Sie erscheint. Man klatscht wie närrisch.
Jemand reicht ihr zwei Buketts.
Dankbarkeit für Freibilletts.

Und sie zuckt leis mit den Lippen.
Beugt sich vor, als wollt' sie kippen.
Nickt. Der Pianist macht Töne.
Sängerin zeigt weiße Zähne.
Öffnet zögernd dann den Mund.
Erst oval. Allmählich rund.

Und — mit Hilfe ihrer Lungen
hat sie hoch und laut gesungen.
Sie sang Schumann, Lincke, Brahms.
Der Beginn war acht Uhr ahms.
Und um elf geht man dann bebend,
aber froh, daß man noch lebend,
heimwärts. Legt sich müde nieder. — — —
Morgen singt die Dame wieder.

Der Bach

(Dem gleichnamigen
Komponisten gewidmet)

Tagtäglich fließt der Bach durchs Tal.
Mal fließt er breit, mal fließt er schmal.
Er steht nie still, auch sonntags nicht,
und wenn mal heiß die Sonne sticht,
kann man in seine kühlen Fluten fassen.
Man kann's aber auch bleibenlassen.

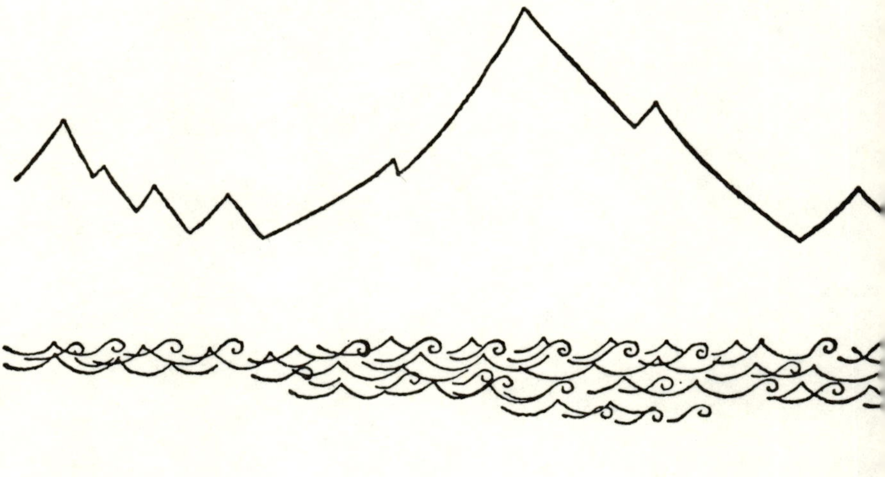

Tirili, piit-piit

Die Lerche schwingt sich in den Äther
und singt das Liedchen ihrer Väter:
　　　　Tirili, piit-piit.
Ist's an der Oder oder Elbe,
der Text ist überall derselbe:
　　　　Tirili, piit-piit.
Vom allerersten Sonnenschimmer
bis zu dem letzten singt sie immer:
　　　　Tirili, piit-piit.
Wird's Abend, steigt sie müde nieder
und steckt das Köpfchen ins Gefieder:
　　　　Tirili, piit-piit.
Wird's wieder Tag, weckt sie die Schwestern,
schwingt sich empor und singt wie gestern:
　　　　Tirili, piit-piit.

Der Spatz

Es war einmal ein grauer Spatz,
der saß ganz oben auf dem Dache,
und unten hielt die Miezekatz'
schon seit geraumer Weile Wache.
Da sagte sich das Spätzlein keck:
»Mich kann das Biest nicht überlisten!«
Bums, kam ein Habicht um die Eck'
und holte sich den Optimisten. –
So kann es allen denen gehn,

die glauben, nur *sie* wär'n die Schlauen.
Man darf nicht nur nach unten sehn,
man muß auch mal nach oben schauen!

An die Bienen

Bienen! Immen! Sumseriche!
Wer sich je mit euch vergliche,
der verdient, daß man ihn töte!
Daß zumindest er erröte!
Denn, wie ihr in Tal und Berg schafft
ohne Zutun der Gewerkschaft,
ohne daß man euch bezahle,
ohne Streik und Lohnspirale,
täglich, stündlich drauf bedacht,
daß ihr für uns Honig macht,
ihr seid's wert, daß man euch ehre!
Wobei vorzuschlagen wäre –
ob nun alt ihr, ob Novizen –
euch von heute ab zu siezen!

Unser Dank, unser Applaus
säh' in etwa dann so aus:
»Sehr geehrte Honigbienen!
Wir Verbraucher danken Ihnen!«

Die Kuh

Auf der saftiggrünen Wiese
weidet ausgerechnet diese
eine Kuh, eine Kuh.

Ach, ihr Herz ist voller Sehnen,
und im Auge schimmern Tränen
ab und zu, ab und zu.

Was ihr schmeckte, wiederkaut se
mit der Schnauze, dann verdaut se
und macht Muh, und macht Muh.

Träumend und das Maul bewegend
schaut sie dämlich in die Gegend
grad wie du, grad wie du.

Die Entstehung der Glocke von Schiller
oder
Warum Schillers Glocke keinen Klöppel hat

Am 31. Februar 17 ... saßen Schiller, Goethe und Eckermann beim Skat. Im Kamin knisterte traurig ein Buchenscheit, und eine müde Tranfunzel verbreitete teils Geruch, teils Licht. Aber Geheimrat Goethe haderte nicht, sondern liebte den trüben Schein des Trans*.

Die drei Herren saßen also beim Skat und auf weichen Plüschsesseln — nach dem Motto: Noblesse o'Plüsch. Goethe hatte gerade Schellen** gereizt, als Schillers Augen plötzlich heller strahlten als die der Funzel und er anhub, also zu sprechen: »Verzeihen Sie, Herr Geheimrat, bei Ihrem Gebot ‚Schellen' fiel mir eben etwas Wichtiges ein: könnten Sie mir mal flugs Ihren Gänsekiel leihen?« Goethe, der gerade gereizt hatte, war nun selber gereizt: »Aber lieber Schiller, wozu brauchen Sie denn gerade *jetzt* meinen Gänsekiel?« Schiller: »Weil mir beim Wort ‚Schellen' der Gedanke kam, ich könne mal ein Gedicht über die ‚Glocke' schreiben. Und um dieses kleine Gedicht zu Papier bringen zu können, brauche ich Ihren Gänsekiel. Weil ich meinen nämlich nicht bei mir habe!« Goethe, indem er die Karten auf den

* Erst kurz vor seinem Ableben verlangte es ihn nach *»mehr Licht«*.

** *Deutsche* Klassiker bedienten sich selbstverständlich *deutscher* Spielkarten!

Tisch und seine Stirn in Falten legte, sagte: »Das mit der Glocke ist eine gute Idee! Wir Klassiker können unsere Werke nicht oft genug an die große Glocke hängen! Habe ich nicht recht, Eckermann?« Eckermann, der für Goethe so etwas Ähnliches war wie Dr. Watson für Sherlock Holmes, antwortete: »Jawohl, Herr Geheimrat!« »Nun denn«, fuhr Goethe fort, »hier haben Sie meinen Gänsekiel! Wir paar Dichter müssen zusammenhalten! Und während Sie sich, Friedrich Schiller, von der Muse küssen lassen, werden ich und Eckermann Sechsundsechzig spielen!«
Nachdem die beiden ungefähr 2 Stunden lang dem 66 gefrönt hatten und Goethe alle Spiele gewann, weil Eckermann bei ihm weder 20 noch 40 noch sonstwas zu melden hatte, sprach plötzlich Goethe, indem er erst den Blick und dann sich selbst erhob: »Halt, Herr Schiller! Nun muß ich aber schleunigst meinen Gänsekiel zurückhaben; denn soeben fiel mir ein, daß ich im 2. Teil meines ‚Faust' einige Sätze zu stehen habe, die ich sofort ändern muß, weil sie der *Unverständlichkeit* entbehren! Bei einem Dichter meines Formats wirken nur *unverständliche* Sätze verständlicherweise selbstverständlich! Notieren Sie diesen Ausspruch, Eckermann!« – »Jawohl, Herr Geheimrat!« – »Außerdem«, setzte Goethe den Vortrag fort und sich wieder hin, »außerdem wird Ihre Glocke zu lang, wenn Sie nicht augenblicklich mit dem Dichten nachlassen! Denken Sie doch an all die lieben Schulkinderchen, die Ihre Glocke dermaleinst

vielleicht werden auswendig lernen müssen!« – – –
So verdanken wir eigentlich *Goethe* die Entstehung dieses Schillerschen Werkes – aber auch den erfreulichen Umstand, daß dieses Gedicht nicht *noch* länger wurde – aber auch die betrübliche Tatsache, daß Schiller keine Zeit mehr hatte, das Werden und die Nutzanwendung des für eine Glocke doch so notwendigen *Klöppels* zu schildern!
Vielleicht wußte er damals schon, daß seine Glocke gar keine Gelegenheit haben würde, jemals mit eherner Zunge zu reden – – – denn wie sagt der Dichter: *Friede* sei ihr erst Geläute ...

Knabe mit erkältetem Käfer

Auf meiner linken Schulter sitzt
ein Käfer, rot mit schwarzen Tupfen.
Er ist vom Fliegen ganz erhitzt,
nun kriegt er sicher einen Schnupfen.
Ich nehm' ihn in die Hand und renn'
mit ihm nach Haus über die Wiesen.
Er muß sofort ins Warme, denn
ich höre ihn bereits schon niesen.

Bel Ami

Etwas, was uns in dem Leben
jedesmal mit Recht mißfällt,
das ist das, wenn in der Neben-
wohnung eine Hündin bellt.
Ich ging also hin und schellte;
doch ich klagte ohne Grund,
denn was da so dauernd bellte,
war nicht Hündin, sondern Hund.
Hieß Ami und war ein Dober-
mann vom Scheitel bis zum Schwanz
und gehörte einem Ober-
lehrer. (An der Türe stand's.)
Der Ami war so bescheiden
und so lieb, daß ich verzieh:
»Lieber Freund, ich mag dich leiden,
wenn du willst, dann bell, Ami.«

Meine Tante

In dem Land, wo die Fakire
tagelang auf Nägeln sitzen,
und wo ziemlich wilde Tiere
durch den dichten Urwald flitzen,
und wo Elefanten leben,
hat man selten Tanten leben.
Meine aber wohnt in Indien,
und von ihr will ich verkündien.

Sie bewohnt dort eine Villa,
die die Palmen ganz verdecken.
Neulich kam mal ein Gorilla,
meine Tante zu erschrecken.
Aber als er sie gefunden,
kriegt *er*'n Schreck – und war verschwunden!
Reize hat sie nicht, 's ist richtig,
aber Geld, und das ist wichtig.

Abends badet um halb sechse
sie im Quell, sich zu erquicken,
und die tropischen Gewächse
schützen sie vor fremden Blicken.
Mit des Quells geduld'gen Wellen
wäscht sie sich an allen Stellen,
hüllt sich dann in weißes Linnen,
niest ganz kurz und geht von hinnen.

Der verstimmte Elefant

Jede Mücke hat den kleinen
Rüssel, der so oft und gerne sticht,
auch der Elefant hat einen,
aber stechen kann er damit nicht.
Deshalb ist auch unser Riese
leider immer irgendwie verstimmt,
grade so als ob er diese
Schwäche seinem Schöpfer übelnimmt.

Auf den Tod meines Hundes

Auf dem Berge steht ein Häuschen,
um das Häuschen ist ein Garten,
und am Zaun vor diesem Garten
war's, wo wir den Hund verscharrten.
Ach, er starb an einer Gräte,
die im Hals beim Atmen störte,
und die ja, genaugenommen,
da auch gar nicht hingehörte.
Und nun stehe ich am Grabe,
pflanz' Vergißmeinnicht und bete.
Von dem Kirchturm schlägt es sieben,
von dem Schellfisch war die Gräte.

Die Made

Hinter eines Baumes Rinde
wohnt die Made mit dem Kinde.

Sie ist Witwe, denn der Gatte,
den sie hatte, fiel vom Blatte.
Diente so auf diese Weise
einer Ameise als Speise.

Eines Morgens sprach die Made:
»Liebes Kind, ich sehe grade,
drüben gibt es frischen Kohl,
den ich hol. So leb denn wohl!
Halt, noch eins! Denk, was geschah,
geh nicht aus, denk an Papa!«

Also sprach sie und entwich. –
Made junior aber schlich
hinterdrein; doch das war schlecht!
Denn schon kam ein bunter Specht
und verschlang die kleine fade
Made ohne Gnade. Schade!

Hinter eines Baumes Rinde
ruft die Made nach dem Kinde .....

Die Katze

Die Katze hat ein gelbes Fell
und sitzt auf meinem Schoße.
Sie mag gern Fisch und eventuell
auch Schmorbraten mit Soße.

Auch fängt sie Mäuse dann und wann
und ab und zu — was seh' ich! —
mal einen Vogel, doch nur dann,
wenn er des Flugs nicht fähig.

Oft bleibt sie meiner Kate fern;
dann weilt sie gegenüber.
Sie hat zwar meine Kate gern;
doch ist ihr 'n Kater lieber.

Eßt mehr Fisch *

Das Meer reicht bis zum Strande
und dann verläuft's im Sande
ganz plötzlich und abrupt.

In ihm gibt's viele Fische,
die essen wir bei Tische
gekocht und abgeschuppt.

* Beachte auch die Abhandlung »Fische« (Seite 116)

Doch wozu gibt's die Gräten?
Sie wären nicht vonnöten,
sie schmälern den Genuß.

Denn bleibt mal eine stecken,
so kann man leicht verrecken —
viel eher, als man muß!

Die Eule

Eine Eule saß und stierte
auf dem Aste einer Euche.
Ich stand drunter und bedachte,
ob die Eule wohl entfleuche,
wenn ich itzt ein Steunchen nähme
und es ihr entgegenschleuder'?
Dieses tat ich. Aber siehe,
sie saß da und flog nicht weuter.
Deshalb paßt auf sie die Zeule:
Eule mit Weule!

ES WIRD ZEIT, DASS DU SO LANGSAM EINSIEHST, DASS ES MIT UNS NICHT MEHR SO WEITERGEHT. ES DREHT
SICH NICHT ALLES NUR UM DICH, DU WIDERWÄRTIGER, EGOISTISCHER MENSCH. ES IST EINFACH NICHT
ZU FASSEN, WAS DU DIR SO EINBILDEST. KEIN HALBWEGS NORMALER MENSCH KÖNNTE SICH VORSTELLEN,
DASS ICH AUCH NUR EIN FÜNKCHEN LIEBE FÜR IHN EMPFINDE, NACH ALL DEM WAS VORGEFALLEN IST.
BESTENFALLS MITLEID! ES IST EINE SCHANDE, WIE DU DICH MIR GEGENÜBER WIEDER AUFGEFÜHRT
HAST. ANDERE MÄNNER VERWÖHNEN IHRE FRAUEN UND DU... WAS MACHST DU....? WENN SICH DAS
NICHT ÄNDERT, WEISS ICH NICHT, WAS NOCH PASSIERT. DANN MACH ICH EINFACH SCHLUSS MIT DIR
UND GEHE ZU MEINER MUTTER. DIE HAT JA IMMER SCHON GESAGT... USW. USW. USW. USW USW USW

Die Gardinenpredigt

An den blumigen Gardinen
hängen Reste deiner Predigt,
und seitdem du sie gehalten,
bin ich für die Welt erledigt.
Einsam schleich' ich durch die Landschaft.
Und der Schwager und die Nichten
zeigen nun auf mich mit Fingern,
statt mich wieder aufzurichten.
Bis zur nächsten großen Wäsche
muß ich meine Wohnung meiden,
denn ich kann diese Gardinen,
die geblümten, nicht mehr leiden!

An einen Kollegen

Kennst du das große graue Haus
da draußen vor der Stadt?
Bist du erst drin, kommst du nicht raus,
weil alles Gitter hat.
Hat nie dein Herz vor Ängsten laut,
gingst du vorbei, gepocht?
Sei ruhig, wer nur Pointen klaut,
der wird nicht eingelocht!

Abendlied

Die Nacht bedeckt die Dächer,
und in dem Aschenbecher
verlöscht die Zigarette.

Es ruhn fast alle Räder.
Der Tag verging wie jeder,
als Glied in einer Kette.

Ich höre Eulen singen
und sehne mich nach Dingen,
die ich so gerne hätte.

Und von dem vielen Sehnen
bekomme ich das Gähnen — — —
gut' Nacht, ich geh' zu Bette.

Nächstenliebe

Die Nächstenliebe leugnet keiner,
doch ist sie oft nur leerer Wahn,
das merkst am besten du in einer
stark überfüllten Straßenbahn.
Du wirst geschoben und mußt schieben,
der Strom der Menge reißt dich mit.
Wie kannst du da den Nächsten lieben,
wenn er dir auf die Füße tritt?!

Wieso ich Dichter wurde

Als ich das Gaslicht der Welt erblickte, war ich noch verhältnismäßig jung.
Meine Eltern waren zwei Stück, und mein Vater war sehr reich: er hatte zwei Villen, einen guten und einen bösen.
Und eines Tages – es war sehr kalt, und ich fror vor mich hin, denn nicht nur meine Mutter, auch der Ofen war ausgegangen – teilte sich plötzlich die Wand, und eine wunderschöne Fee erschien! Sie hatte ein faltenreiches Gewand und ein ebensolches Gesicht. Sie schritt auf meine Lagerstatt zu und sprach also: »Na, mein Junge, was willst du denn mal werden?« Ich antwortete – im Hinblick auf meine ziemlich feuchten Windeln: »Ach, gute Tante, vor allem möcht' ich gern ‚dichter' werden!«
Das hatte die Fee mißverstanden, was du, geduldiger Leser, dem vorliegenden Buch unschwer entnehmen kannst!

Dünne Luft

Ich sitz' in fast viertausend Meter Höhe,
doch meine Stimmung ist so ziemlich down ....
Die Luft ist dünn, das macht ganz schrecklich müde –
den Zustand merken Sie an diesem Liede:
mir ist, als wär' vor meinem Kopf ein Zaun ....

Doch *ohne* Zaun klafft dicht vor mir ein Abgrund!
Ist er es wert, daß man ihn überhaupt erwähnt?!
Nun, ich schreib' dies Gedicht hin als Etüde ....
Die dünne Luft macht wirklich einen müde – – –
sogar der Abgrund gähnt ....!

Der König Erl

(Frei nach Johann Wolfgang von Frankfurt)

Wer reitet so spät durch Wind und Nacht?
Es ist der Vater. Es ist gleich acht.
Im Arm den Knaben er wohl hält,
er hält ihn warm, denn er ist erkält'.
Halb drei, halb fünf. Es wird schon hell.
Noch immer reitet der Vater schnell.
Erreicht den Hof mit Müh und Not — — —
der Knabe lebt, das Pferd ist tot!

Das Steckenpferd

Der eine liebt Konkretes nur,
der andre das Abstrakte,
der dritte schwärmt für die Natur
und deshalb für das Nackte.
Der vierte mag nur Fleisch vom Schwein,
der fünfte Milch und Eier,
der sechste liebt den Moselwein,
der siebte Fräulein Meier.
Für jeden gibt es was von Wert,
für das er lebt und streitet,
und jeder hat sein Steckenpferd,
auf dem er immer reitet.

Das Fischchen

Ein Fischchen einst im Wasser saß
und von dem Wasser wurd' es naß,
das Fischchen.
Das Fischchen wollt' gern trocken sein,
doch hatte es kein Handtuch, nein,
das Fischchen.
Da sprang das Fischchen, hops, an Land
und drehte sich paarmal im Sand,
und als dann kam das Morgenrot,
war's Fischchen trocken — aber tot.
Das Fischchen.

Löwenzahn

Löwenzahn ist schon seit jeher
als höchst kriegerisch verschrieen,
denn er läßt bei gutem Winde
Fallschirmtruppen feindwärts ziehen.
Und ich sitz' auf der Veranda
und verzehre meine Suppe
und entdecke in derselben
zwei Versprengte dieser Truppe.

Das Fenster

Es traf sich so, daß sie sich trafen.
Er fragte, ob – – –, sie sagte: »Nein,
es geht nicht, meine Eltern schlafen!«
Dann ließ sie ihn zum Fenster 'rein.

Doch als sie sprach: »Geliebter Gangster,
wir sind verlobt, nun bist du mein«,
schlug er von innen erst ihr Fenster
und dann den Weg nach Hause ein.

Die Libelle

Liebe Libelle,
flieg nicht so schnelle!
Denk der Gefahren,
die deiner harren:
Bäume und Zäune,
Äste und Steine
auf allen Wegen!
Du fliegst *dagegen!!!*
Mit gebrochenen Gliedern
liegst du im Staube.
Dann kommt der Herbst,
du vermoderst im Laube . . . .

Oder ein Vogel
wird dich erhaschen,
wird dich zerbeißen
und hastig vernaschen . . .

Oder ein Forscher
mit seinem Netze!
Erst tut er sachte,
daß nichts er verletze
und freut sich stolz seines Besitzes!
Zu Hause jedoch nimmt er was Spitzes
und sticht's dann
durch deine weichste Stelle:
arme Libelle!

Flieg nicht so schnelle,
genieße die Stunden,
vielleicht nur Sekunden,
die dir zum Leben
gegeben!

Scheint warm die Sonne:
freu dich des Lichts!
Füllt Regen die Bäche,
hast du vom Leben nichts –
im Gegensatz zur Forelle!

Liebe Libelle ......

Dichter und Bauer

Es hat der junge Dichter
für heut genug gereimt,
drum löscht er alle Lichter,
legt sich ins Bett und träumt.
Er träumt von einer Mauer,
die ihm die Sicht verdirbt
und dann von einem Bauer,
in dem ein Vogel stirbt.

Bei Opa

Der Opa ist ein frommer Mann
und liest in seiner Bibel.
Die Oma schneidet nebenan
fürs Abendbrot die Zwiebel.
Der Opa ist ein frommer Mann
und weint ob seiner Sünden.
Auch Omama weint nebenan,
jedoch aus andern Gründen.

Humanistisches Frühlingslied

Amsel, Drossel, Star und Fink
singen Lieder vom Frühlink,
machen recht viel Federlesens
von der Gegenwart, dem *Präsens*.

Krokus, Maiglöckchen und Kressen
haben längst den Schnee vergessen,
auch das winzigste Insekt
denkt nicht mehr ans *Imperfekt*.

Hase, Hering, Kuh und Lachs,
Elke, Inge, Fritz und Max — — —
alles, alles freut sich nur
an dem Jetzt. Und aufs *Futur*.

Ein Kinderlied

Eiapopeia, was raschelt im Stroh?
Das sind die lieben Mäuschen, die freuen sich so,
denn die Katze ist krank. Nun ringeln sie's
Schwänzchen
und heben das Köpfchen und machen ein Tänzchen,
drum raschelt's auch so in dem Stroh.
Eiapopeia, eiapopo.

Perpetuum mobile

Und der Herbststurm treibt die Blätter,
die ganz welk sind, vor sich her,
und es ist so schlechtes Wetter — — —
ach, wenn's doch schon Winter wär'!
Und es fallen weiße Flocken,
zwanzig Grad sind es und mehr,
und man friert in seinen Socken — — —
ach, wenn's doch schon Frühling wär'!
Und der Schnee schmilzt auf den Gassen,
und der Frühling kommt vom Meer,
einsam ist man und verlassen — — —
ach, wenn's doch schon Sommer wär'!
Und dann wird es schließlich Juli,
und die Arbeit fällt so schwer,
denn man transpiriert wie'n Kuli — — —
ach, wenn es doch Herbst schon wär'!
usw. usw.

Großmamas Lied

Ich sitze da und stricke Strumpf. –
Und unterm Hause ist ein Sumpf.
Drum steht das Haus nach vorn geneigt,
so wie ein Geiger, wenn er geigt.
Ich seh' Musik ganz in der Ferne
und höre über mir die Sterne,
das klingt in meinem Kopf so dumpf.
Ich sitze da und stricke Strumpf. –

Pappis Wiegenlied

Schlafe ein, mein Schätzchen,
und träum von einem Kätzchen,
von Püppchen, bunten Steinchen,
schlafe ein, schlaf, Kleinchen!
Schlafe ein, mein Bübchen,
ein Engel geht durchs Stübchen
ganz leis auf nackten Beinchen,
schlafe ein, schlaf, Kleinchen!
Während nun der gute Mond am Himmel lacht,
sitzt dein Pappi hier am Bettchen und bewacht
dich, mein holdes Schätzchen.
Es schlafen schon die Kätzchen,
die Püppchen und die Steinchen,
schlafe ein, schlaf einchen!

Ein Freund

Ich mag alle Tiere.
Selbst einer gelben Viper im Zoo würde ich gleich hinter den Ohren den Kopf kraulen – wenn man mich ließe. Und vor allem sie.
Auch ein, zwei Ameisen habe ich gern. Nur in Massen dürfen sie nicht kommen, denn ich bin kitzlig.
Ich mag auch Hunde.
Sie gehören zu den wenigen Lebewesen, die es nicht übelnehmen, wenn man ihnen etwas vorwirft – und sei es nur ein Knochen.

Diktatoren wußten schon, weshalb sie sich oft mit ihnen umgaben: taten sie (die Hunde) doch stets das, was sie (die Diktatoren) wollten ...

Aber ich *liebe* Katzen.

»Pfui«, höre ich empört ausrufen, »Katzen! Katzen sind a) falsch und b) fangen Vögel!«

a) Nicht die Katze ist falsch, sondern diese Behauptung. Es ist noch nie einer Katze eingefallen, mich anzufallen! (Selbst dann nicht, wenn ich meinen mausgrauen Anzug anhabe.) b) Ich habe im Kopf schriftlich ausgerechnet, daß auf den Kopf einer Katze 0,087 Vögel kommen – das ist ein Bruchteil der Millionen deutscher Singvögel, die in jedem Jahr unseren Freunden südlich der Alpen auf den Leim gehen. – – –

Komme ich nach länglicher Abwesenheit nach Hause und setze mich an den Schreibtisch, um den Haufen Post zu sichten, springt meine Katze auf denselben (den Haufen), reibt sich schnurrend an meinem Antlitz und legt sich völlig und wohlig auf die Briefe, als wolle sie sagen: »Quäle dich doch nicht mit all diesem Alltagskram! Laß die Rechnungen und die Steuerbescheide (die zu Unrecht so heißen; denn wieso sind sie bescheiden?) und lies nicht die dummen Kritiken, die dir dein Ausschnittbüro geschickt hat!«

Na, ist das ein Freund (die Katze)?!

Der Berg

Hätte man sämtliche Berge der ganzen Welt
zusammengetragen und übereinandergestellt,
und wäre zu Füßen dieses Massivs
ein riesiges Meer, ein breites und tief's,
und stürzte dann unter Donnern und Blitzen
der Berg in dieses Meer — — — na, das würd'
spritzen!

Bilanz

Wir hatten manchen Weg zurückgelegt,
wir beide, Hand in Hand.
Wir schufteten und schufen unentwegt
und bauten nie auf Sand.
Wir meisterten sofort, was uns erregt,
mit Herz und mit Verstand.
Wenn man sich das so richtig überlegt,
dann war das allerhand.

Erkenntnis

Man hat vor Jahren festgestellt,
daß unsre liebe, schöne Welt,
auf der wir leben, nicht nur bunt ist,
nein, daß sie außerdem auch rund ist.
Und deshalb sind wir in der Lage –
sowohl bei Nacht als auch bei Tage –
von einer Erdhälfte zur andern
zu fliegen, schwimmen oder wandern,
was ganz unmöglich wär' beileibe,
wär' unsre Erde nur 'ne Scheibe.

Wobei, wie ihr es sicher wißt,
auf Erden alles Schei – be ist!

Beethovens Totenmaske

Durch die Glastür zum Alkoven
scheint der Mond mit weißem Licht.
Ausgerechnet dem Beethoven
scheint er mitten ins Gesicht.
Nicht einmal sein Aug' beschatten
kann der große Komponist.
Man ist hilflos und verraten,
wenn man mal gestorben ist.

Die Polizei im Wandel der Zeiten

Solange wir Menschen auf Erden leben,
hat es schon immer Polizei gegeben!

Es ist ja bekannt, daß der erste Polizist
der Erzengel Gabriel gewesen ist.
Er hat uns, so steht es im Buche geschrieben,
eines Apfels wegen aus dem Paradiese vertrieben.
Seitdem fühlt die Polizei - grad bei Kleinigkeiten -
sich bemüßigt, gar strenge einzuschreiten!

Schon im alten Rom - so vor 2000 Jahren -
wurde manchmal etwas zu schnell gefahren,

also war's klar, daß der uniformierte
Beamte sich erst mal die Nummer notierte.
Dann drohte er mit erhobenem Finger
und sagte: »Na, Sie machen ja schöne Dinger!«
Hierbei bediente er sich, wie alle Einwohner Roms,
natürlich des lateinischen Idioms.

Die Jahrhunderte waren dahingegangen
und das 20. hatte angefangen!
Es wuchs die Bildung, der Schnurrbart,
die Gartenlaube,
es wuchs aber auch die Pickelhaube!
Es hagelte Schimpfe und Strafmandate:
die Polizei war ein richtiger Staat im Staate!
Und die Bürger sagten zwischen Weinen und Lachen:
»Nee, mit *dem* Staat ist kein Staat zu machen!«

Das 2. und 3. Reich waren zerronnen!
Es war alles verloren — nur *eines* gewonnen,
nämlich die Überzeugung: es muß hier auf Erden
alles — auch die Polizei muß anders werden!
Sie hat sich entbartet, sie hat sich entpickelt,
sie hat sich zum Freunde und Helfer entwickelt!
Hilft freundschaftlich tragen des Bürgers Last:
sie faßt nicht mehr *fest* — sie fäßt nur noch *fast!!*

Sie drückt oft ein Auge zu bei kleinen Vergehn,
von den vielen Ausnahmen natürlich abgesehn!

Der Brummer

Der Brummer, der mich so geplagt
und den ich hundertmal gejagt,
und den ich niemals kriegen konnte,
weil er ja leider fliegen konnte,
und der mir manchen Schlaf verdorben,
der Brummer ist, gottlob, verstorben.
Er starb an Bauchweh und Migräne. — —
De mortuis nil nisi bene!

Die Q

Die Q ist, allgemein betrachtet,
derart beliebt und auch geachtet,
daß einst ein hochgelahrter Mann
für unsre Q das »Q« ersann.
So bleibt sie nun, ewig beredt,
als Buchstabe im Alphabet. —
Mich wundert's nur, daß manche Kreise
abhold sind dieser Schreibeweise.

Der Kabeljau

Das Meer ist weit, das Meer ist blau,
im Wasser schwimmt ein Kabeljau.
Da kömmt ein Hai von ungefähr,
ich glaub' von links, ich weiß nicht mehr,
verschluckt den Fisch mit Haut und Haar,
das ist zwar traurig, aber wahr. — — —
Das Meer ist weit, das Meer ist blau,
im Wasser schwimmt kein Kabeljau.

Wahrheit

Die schlechtesten Bücher sind es nicht,
an denen Würmer nagen,
die schlechtesten Nasen sind es nicht,
die eine Brille tragen.
Die schlechtesten Menschen sind es nicht,
die dir die Wahrheit sagen.

Mein Freund

Er war als Kind oft krank gewesen,
mein Freund, des Grafen Bamm sein Sohn.
Kaum war er von dem Mumps genesen,
bumps, hatte er die Masern schon.
Dann Scharlach, Diphtherie und Pocken,
mal brach er Speise, mal das Bein,
und ging er ohne Schuh und Socken,
so stellte sich gleich Grippe ein.

Die Viren lagen ständig auf der Lauer!
Mein Freund verlor gewaltig an Gewicht.
Er wurde langsam aber sicher sauer
und starb. – Wer tät' das nicht? . . . .

Ente gut, alles gut

Eine Ente sitzt im Schilfe
und im Boot der Jägersmann.
Gibt's denn niemand, der da Hilfe
unsrer Ente bringen kann?
Schon sieht man den Hahn ihn spannen,
bums! das Schrot kracht mit Getöse,
und – die Ente fliegt von dannen.
Sie ist heiter, er ist böse.

Hirngespinst

Eine runde weiche Sache
ist das Hirn bei Frau und Mann,
und es ist nicht auszudenken,
was man damit denken kann.
Aber leider kennen viele
nicht den Wert dieser Substanz:
hilflos gehen sie durchs Leben
wie 'ne Katze ohne Schwanz.

Das Große Los

Wie man's auch dreht, wie man's auch nimmt,
das Los ist uns vorausbestimmt.

Wir wissen nicht, was kommt, was geht,
wie man's auch nimmt, wie man's auch dreht.

Wie man's auch dreht und nimmt und zieht,
wir wissen nicht, was uns noch blüht.

Das Große Los blüht uns nicht oft,
wie man's auch dreht, nimmt, zieht und hofft.

Ein Pianist spielt Liszt

O eminenter Tastenhengst,
der du der Töne Schlachten lenkst
und sie mit jeder Hand für sich
zum Siege führst, dich preise ich!

Du bist ein gottgesandter Streiter,
ein Heros, ein Akkordarbeiter.
Im Schweiße deiner flinken Finger
drückst du auf jene langen Dinger,
die man gewöhnlich Tasten nennt,
und die, grad wie beim Schach, getrennt
in Schwarz und Weiß ihr Dasein fristen,
als Requisit des Pianisten.
Doch nicht nur deiner Finger Schwielen
brauchst du zum Greifen und zum Spielen,
nein, was man meistens gar nicht glaubt:
du brauchst dazu sogar dein Haupt!
Mal fällt's, als ob du schlafen mußt,
auf deine stark erregte Brust,
mal fällt's mit furchtbar irrem Blick,
so weit es irgend geht, zurück,
und kommst du gänzlich in Ekstase,
hängt dir ein Tropfen an der Nase.
Und hast du endlich ausgerast,
sagt sich der Hörer: Liszt – not last!

O eminenter Tastenhengst,
der du der Töne Schlachten lenkst
und sie mit jeder Hand für sich
zum Siege führst, dich preise ich!
Und jeder Hörer merkt alsbald:
du siegst mit Liszt, nicht mit Gewalt!

Zweifel

Nein, nicht jeder Filmakteur
treibt mit dem Talent Verschwendung,
und nicht jeder Fernsehstar
glaubt an sich und seine Sendung.

Mancher Ofen heizt die Luft
überm Haus und drinnen rußt er,
mancher wird ein Diplomat
und bleibt trotzdem nur ein Schuster.

Mancher Käpt'n, der zur See
schiffen möcht', kahnt auf der Weser,
mancher hadert mit dem Sein
und dem Ich. Und du, mein Leser?

Bell- und Puccini

Es ist an und für mich nichts Besonderes, wenn eine Oper *Bellinis* aufgeführt wird. Schließlich ist der Komponist tot und kann sich gegen die Wiedergabe nicht wehren.
Da ich nun annehmen muß, daß der andere oder auch der eine Leser dieser Zeilen Bellinis Oper »Norma« noch nicht kennt, gelüstet es mich, hier einiges Bemerkenswerte über den Autor und sein Werk zu veröffentlichen.
Sein Vater, der ebenfalls Bellini hieß, war als Staatsbeamter nicht nur seinem Fürsten, sondern auch dem Trunke ergeben und kämpfte ständig um den *Hausschlüssel*, während sich sein Sohn mehr mit dem *Violin-* und *Baßschlüssel* herumschlug.
Bellini jun. schrieb die »Norma« zu seinen Lebzeiten – aber erst *nach* seinem Tode wurde sie preisgekrönt. Obwohl schon Hans v. Bülow behauptete: je preiser eine Oper gekrönt wird, desto durcher fällt sie – traf diese Diagnose für die »Norma« nicht zu! Im Gegenteil! Sie fiel nicht nur nicht *durch*, sondern *auf* – und zwar *durch* eine Eigenschaft, die den wenigsten Opern eigen ist, nämlich durch ihre Kürze! – –

Bei dieser Gelegenheit möchte ich noch eines anderen Werkes gedenken, der *ersten* Quizoper: *Puccinis* »Turandot«. Diese kalte Prinzessin stellt 3 Quizfragen ihren heißen Freiern und damit *sich* vor die undankbare Aufgabe, bei gelungener Lösung sich selbst aufgeben zu müssen. Dem Prinzen Kalaf gelingt es – obgleich er Tenor ist – sämtliche Fragen zu beantworten, ohne daß er jemals an einem Quizturnier teilgenommen oder auch nur ein solches im Fernsehen gesehen hätte.

Da »Turandot« durchweg mit lauter Musikbegleitung vor sich geht, ist es denkbar, daß selbst der aufmerksamste Lauscher des *genauen* Wortlauts der Preisfragen und ihrer Antworten nicht ganz teilhaftig werden konnte. Um diesem Übelstand abzuhelfen, möchte ich hier die 3 Fragen und Antworten *ohne* störende Musikuntermalung wiederholen: 1. Frage: Wer war der erste Koch? Antwort: David; denn er dämpfte den Auflauf der Amalekiter. 2. Frage: Was ist der Unterschied zwischen einem Krokodil? Antwort: Das Krokodil kann im Wasser schwimmen, auf dem Lande aber nicht. 3. Frage: Warum hat Herr Krause keine Haare? Antwort: Die *Neger* haben Krauses Haar.

Nun drängt sich unwillkürlich die Quizfrage auf, ob der glückliche Rätselknacker Kalaf mit der Rätseltante Turandot, die er zur Belohnung heiraten mußte, genauso gut fertig geworden ist wie mit ihren Rätseln.

Zwei Kröten

Zwei Kröten weiblichen Geschlechts
lustwandeln durch die Heide,
die eine links, die andere rechts,
und Warzen haben beide.
Doch trotz der Warzen gehen sie
vergnüglich ihrer Wege
und lachen heimlich über die
moderne Schönheitspflege.

Mond über der Stadt

Ich hänge am Himmel und scheine – – –
Was soll ich auch anderes machen?......

Die Stadt ist zu schnell,
zu laut und zu grell – – –
Neulich hielt mich eine ältere Dame
für Lichtreklame!

Wär's nicht so traurig, es wäre zum Lachen ....

Manchmal schießt man nach mir; doch die meisten
der weitgereisten
Raketen gehen daneben
und lassen mich leben.
Eben.
Eben kam wieder so eine – – –

Kein Pärchen mehr, das sich in meinem Lichte
umschlingt . .
Kein Dichter mehr – außer diesem hier – der
mich besingt . . .
Ich frage mich, was ich hier oben eigentlich soll!
Man nimmt, auch als Vollmond, mich nicht mehr
für voll.
Wem soll ich noch leuchten? Wen soll ich bewachen?

Ich hänge am Himmel und scheine –
gar keinen besonderen Eindruck zu machen . . . . . .

Das Märchen vom Muselmann

Es war einmal ein Muselmann,
der trank sich einen Dusel an,
wann immer er nur kunnt.
Er rief dann stets das Muselweib,
wo es denn mit dem Fusel bleib',
denn Durst ist nicht gesund.
Und brachte sie die Pulle 'rein,
gefüllt mit süßem Muselwein,
dann trank er
und trank er,
hin sank er
als Kranker,
bis gottseidank er
unterm Tische verschwund.

An einen Hamsterer

1946/47

Es ist bestimmt in Gottes Rat,
daß man für jede böse Tat
muß leiden.
Da hast du nun mit Müh und List
gekriegt, was nicht zu haben ist,
doch wie gewonnen, so zerronnen:
dein Hamstern kommt ans Licht der Sonnen.
Du wirst, fühlst du dich auch verletzt,
geschnappt, verhört und festgesetzt.
Das ist der Fluch der bösen Tat,
daß man vom Liebsten, was man hat,
muß scheiden.

Der Regenwurm

Ein langer dicker Regenwurm
geriet in einen Wirbelsturm,
der trug ihn bis zum Himmel.
Nun dient er oben, nein, wie fein,
dem allerliebsten Engelein
als Klöppel einer Bimmel.

? ? ?

Warum heißt bloß das Eichhorn »Eichhorn«?
Denn weder hinten, geschweige vorn
hat es ein Horn oder dergleichen,
auch sieht man es nicht nur auf Eichen.
Ein Wort erscheint und tritt in Kraft,
sein Sinn jedoch bleibt schleierhaft.
So läßt mich noch etwas nicht ruhn:
was hat der Mensch mit »Mensch« zu tun?

Das Schloß

Papst Paul war gestorben vor vierhundert Jahren
und ist dann, wie üblich, gen Himmel gefahren.
Und als er dort oben gut angekommen,
da hat er den güldenen Schlüssel genommen.
Es ist ja bekannt, daß früher und itzt
jeder Papst einen Schlüssel zum Himmel besitzt.

Doch siehe, der Schlüssel, der wollte nicht passen.
Der Petrus hat trotzdem ihn eintreten lassen
und sprach (sein Antlitz war bartumrändert):
»Der Luther hat nämlich das Schloß verändert . . .!«

Der Schmetterling

Es war einmal ein buntes Ding,
ein sogenannter Schmetterling,
der war wie alle Falter
recht sorglos für sein Alter.
Er nippte hier und nippte dort,
und war er satt, so flog er fort,
flog zu den Hyazinthen
und guckte nicht nach hinten.
Er dachte nämlich nicht daran,
daß was von hinten kommen kann.
So kam's, daß dieser Schmetterling
verwundert war, als man ihn fing.

Die Fliege

Eine Fliege flog zum Flügel,
huschte leis über die Tasten,
um dann auf dem »gis« zu rasten.
Doch nur zwei Sekunden währte
dieser Aufenthalt, dann kehrte
sie zurück zu ihrer Sippe
und erzählte unumwunden,
sie hätt' den guten Ton gefunden.

Blasphemie*

Eine gräulichschwarze Fliege
sitzt dort rechts auf der Tapete,
putzt die Flügel und das linke
Mittelbein. – Ich lese Goethe.
Und wie klein erscheint mir dieser
immerhin so große Goethe
neben meiner schwärzlichgrauen
Fliege dort auf der Tapete.

Der Frühling

Wie wundervoll ist die Natur!
Man sieht so viele Blüten,
auch sieht man Schafe auf der Flur
und Schäfer, die sie hüten.
Ein leises Lied erklingt im Tal:
der müde Wandrer singt es.
Ein süßer Duft ist überall,
bloß hier im Zimmer stinkt es!

* Siehe auch »Goethe und die Fliege« (Seite 97)

Der Pflasterstein

Es liegt ein grauer Pflasterstein
auf der Chaussee, doch nicht allein;
denn wenn allein er läge,
dann läge er im Wege;
doch so, inmitten anderer,
erfreut er alle Wanderer.
Anstatt ihn dankbar nun zu grüßen,
tritt man mit Füßen ihn, mit Füßen . . .!

Singe, wem Gesang gegeben

's ist Nacht. Auf meines Daches Zinnen wandelt
ein graues Säugetier in stolzer Pracht.
Daß es sich hier um einen Kater handelt,
das haben Sie sich ja wohl schon gedacht.
Er singt ein Lied. Er läßt sich das nicht nehmen,
und weder Ringelstern noch Morgennatz
verfaßten es. Er zahlt auch nicht Tantiemen.
Er singt – und was er singt, ist für die Katz'!

Fernsehen

Damit man sähe, was man höre,
erfand Herr Braun die Braunsche Röhre.

Wir wär'n Herrn Braun noch mehr verbunden,
hätt' er was anderes erfunden.

* * *

Freunde, hütet euch vor diesen,
die da husten, wenn sie niesen! . . . . .

Zur Pause

Ich sag' es ehrlich, oft geschah's,
daß ich im Leben was vergaß;
doch manches wiederum indessen
vergaß ich leider zu vergessen.
Was ich mit Recht vergessen sollte,
war, daß ich noch was dichten wollte.
Deshalb, o Muse, fleuch' nach Hause,
ich mach' jetzt

ZEHN MINUTEN PAUSE

Die Mitte

Ein kleines Verslein kam gegangen
und hat zu sprechen angefangen:
»Ich bin an deinem Tisch gewesen
und hab' dein Manuskript gelesen:
der Anfang ist ein wenig schwach,
dafür läßt dann das Ende nach.
Ich sei, gewähr mir diese Bitte,
in deinem Buch deshalb die Mitte!«

Ihr Drang

Für das Theater schwärmt sie schon
seit ihrem zwölften Jahre,
da sah sie nämlich »Romeo«
von W. Schakespeare.
Und weil ihr Drang zur Bühne groß,
groß wie der Himalaja,
drum kauft sie sich für zwo Mark zehn
das Buch »Die Bühne Maja«.

An Rolf

Du warst ein treuer Kamerad,
so treu, wie er im Buche steht.
Wir bummelten und spielten Skat,
dann wurden wir vom Wind verweht.

Dann wurden wir vom Wind verweht,
allein, ein Freund bliebst du mir nicht.
Ich wurde ja auch nur Poet,
du aber bist beim Amtsgericht.

Himmlischer Käse

Der Mond hing neulich oben
wie'n Camembert,
genauso gelb und schimmlig
und rund wie der.
Doch wie ich heute hinguck',
seh' ich, o Schreck,
da ist er gar nicht rund mehr,
ein Stück ist weg.
Es haben sicher Englein
an ihm genascht!
Daß so was Englein dürfen,
das überrascht.

Der Einsame

Einsam irr' ich durch die Gassen,
durch den Regen, durch die Nacht.
Warum hast du mich verlassen,
warum hast du das gemacht?
Nichts bleibt mir, als mich zu grämen!
Gestern sprang ich in den Bach,
um das Leben mir zu nehmen;
doch der Bach war viel zu flach.

Einsam irr' ich durch den Regen,
und ganz feucht ist mein Gesicht
nicht allein des Regens wegen,
nein, davon alleine nicht.
Wo bleibt Tod in schwarzem Kleide?
Wo bleibt Tod und tötet mich?
Oder besser noch: uns beide?
Oder besser: erst mal dich?

Eine Rede über die Rede

Es ist oft schwieriger, den Mund zu halten — als eine Rede.
Das ist nicht weiter verwunderlich: wird doch unser Dasein von Reden begleitet! Bei der Taufe wird der Mensch mit Reden begrüßt — und am Grabe mit Reden verabschiedet.
Wie entsteht nun eigentlich eine Rede?
Zunächst hascht man sich einen Gedanken. Das dauert oft länger, als einem lieb ist. Hat man ihn dann endlich, ist er nackt und bloß. Also muß man ihn kleiden — und zwar in Worte! Nun beginnt man im Laufe der Rede Worte zu *verlieren.* Dadurch fehlen sie einem bald. Deshalb muß man schleunigst nach neuen Worten *suchen,* bis man welche *gefunden* hat. Hat man endlich wieder Worte *gefunden,* gehen sie einem aufs neue *verloren,* und man muß wieder nach Worten *suchen* usw. usw. Ein ewiges Verlieren, Suchen und Finden ist so eine Rede, und leider steht ihre Länge meist in keinem Verhältnis zu der Länge ihrer Gedanken!
Wird man unerwarteterweise gebeten, eine Rede zu halten, so erschrecke man nicht, sondern fasse sich. Aber kurz!

In vier Zeilen
(Zweite Folge)

Ich denk' nicht gern an jenen Kuß,
den du mir gabst, Helene;
denn wenn ich an ihn denken muß,
dann werd' ich müd und gähne.

Nach Schluß der langen Oper hörte
ich neulich folgende Kritik:
»Was mich an dieser Oper störte,
das war der Schwan und die Musik!«

Es dürfte keine Steuern geben,
kein Zahnweh, keine Schützengräben,
dann wär' auf dieser Welt das Leben
vielleicht noch schöner als wie eben!

Ich kann's bis heute nicht verwinden,
deshalb erzähl' ich's auch nicht gern:
den Stein der Weisen wollt' ich finden
und fand nicht mal des Pudels Kern.

Man gab uns mancherlei auf Erden:
zum Denken gab man uns die Stirn,
man gab uns Herz- und Leibbeschwerden,
doch auch den Himmel und den Zwirn.

Sie dienten mir gerne bei jedem Gedicht,
die Substantive und Verben,
doch heute gehorchen sie mir leider nicht –
ich möchte am liebsten sterben.

Mal trumpft man auf, mal hält man stille,
mal muß man kalt sein wie ein Lurch,
des Menschen Leben gleicht der Brille:
man macht viel durch!

Gedanken am Samstagabend

Im Wasser schwimmt der Gummischwamm,
denn heut ist Samstag, und ich bade.
Zwei Zähne fehlen mir am Kamm,
es duftet laut nach Haarpomade. –

Das Wasser tropft ins Abflußrohr,
der Stöpsel scheint nicht gut zu schließen.
Ich habe Seife in dem Ohr
und Hühneraugen an den Füßen. –

Das Wasser ist schon stark getrübt,
nur mühsam wälzen sich die Fluten.
Ich bin seit vorgestern verliebt,
da hilft kein Blasen und kein Tuten. –

Ein Nachruf

Du warst ein Musiker und Dichter,
ein Maler und Kaninchenzüchter;
doch trotzdem war's dir nicht gegeben,
den eignen Tod zu überleben. –
Wir wollen nur das eine hoffen,
daß du's dort oben gut getroffen!

Sehnsucht

Ich sehne mich nach einem Häuschen
in Bayern oder an der Spree,
ein Zimmer braucht es nur zu haben,
dazu ein Bad und ein W. C.
Im Zimmer würde ich notieren,
was ich beim Baden grad gedichtet,
und im W. C. würd' dann das Machwerk
von mir gleich hinterrücks vernichtet.

Drei Bilder

Zwei Bilder hängen, ach, an meiner Wand.
Das eine ist als »Eremit« bekannt,
das andere hingegen
zeigt eine Landschaft nach dem Regen.
Das dritte Bild ist nicht zu sehn,
doch trotzdem ist es wunderschön,
nie würd' ich den Verlust verschmerzen:
das dritte Bild trag' ich im Herzen!

Ein Traum

Ich schlaf' nicht gern auf weichen Daunen;
denn statt des Märchenwaldes Raunen
hör' ich im Traume all die kleinen
gerupften Gänschen bitter weinen.
Sie kommen an mein Bett und stöhnen
und klappern frierend mit den Zähnen,
und dieses Klappern klingt so schaurig ...
Wenn ich erwache, bin ich traurig.

Der Fischer
(Frei nach Johann Sebastian Goethe)

Das Meer ist angefüllt mit Wasser
und unten ist's besonders tief,
am Strande dieses Meeres saß er,
d. h. er lag, weil er ja schlief.
Und nun nochmal: Am Meere saß er,
d. h. er lag, weil er ja schlief,
und in dem Meer war sehr viel Wasser
und unten war's besonders tief.

Da plötzlich teilten sich die Fluten,
und eine Jungfrau kam herfür,
auf einer Flöte tat sie tuten,
das war kein schöner Zug von ihr.
Dem Fischer ging ihr Lied zu Herzen,
obwohl sie falsche Töne pfoff — — —
man sah ihn in das Wasser sterzen,
dann ging er unter und ersoff.

2 Interviews fürs Fernsehen

Mit einer Eiche

Reporter: Liebe Fernsehzuschauer! Wir wollen mal einen neuen Weg beschreiten – und zwar einen Waldweg! Er ist, wie das für einen Wald typisch ist, von Bäumen umzingelt. Wir haben uns nun einen Baum – oder besser gesagt – eine Bäumin herausgegriffen und wollen versuchen, mit ihr ins Gespräch zu kommen. Bis jetzt hieß es zwar immer: laßt Blumen sprechen – nun, vielleicht geht es auch mit Bäumen.
Hier also ist meine Gesprächspartnerin. Sie ist eine Eiche. Entschuldigen Sie, gnädige Frau, zunächst die Frage: sprechen Sie deutsch?
Eiche: Natürlich! Ich bin ja eine teutsche Eiche!
Reporter: Aha! Sagen Sie, Sie stehen da so Jahr für Jahr herum. Ist das nicht sehr anstrengend?
Eiche: Nein, das Dasorumstehen ist nicht schwer. Schließlich lernen wir das ja!
Reporter: So, das lernen Sie?! Wo denn zum Beispiel?
Eiche: In der Baumschule zum Beispiel.
Reporter: Ach ja, natürlich! Darf ich mir die Frage erlauben, was Sie sonst noch in so einer Baumschule lernen?
Eiche: Zunächst lernen wir, immer den gleichen Standpunkt einzunehmen.
Reporter: Ja, das sieht man! Sie sind, seit ich mich

hier mit Ihnen unterhalte, noch keinen Zentimeter von Ihrem Standpunkt abgewichen. – Und was lernen Sie noch?

Eiche: Und dann lernen wir etwas, wozu uns unsere Größe und vor allem unser Alter – – –

Reporter: Aber nicht doch!

Eiche: Jawohl, wozu uns unser Alter sehr zustatten kommt, nämlich über vieles hinwegzusehen! Mit anderen Worten: vieles zu verzeihen!

Reporter: Hm, ja ...

Eiche: Wenn zum Beispiel sogenannte Volkslieder gesungen werden, wie »Ich schnitt' es gern in alle Rinden ein«, so geht uns naturgemäß dieser Text durch Mark und Bein – oder bäumisch ausgedrückt, durch Harz und Wurzel.

Reporter: Oder wenn ein Hund kommt, schnuppert und das Bein – ha, ha, ha – auch das müssen Sie verzeihen, nicht?

Eiche: Jawohl! Das Wichtigste aber ist, immer Haltung zu bewahren! Auch in stürmischen Zeiten immer Haltung zu bewahren!

Reporter: Entschuldigen Sie, wenn mir jetzt einige Zweifel aufstoßen. Es gibt doch Fälle, wo selbst stämmige Artgenossen von Ihnen entwurzelt werden – in stürmischen Zeiten. Wie kann denn so etwas trotz gründlicher Schulung geschehen?

Eiche: Ach, daran sind meist die Baumschulbehörden schuld! Sie pflegen sogenannte Ausleseprüfungen zu veranstalten. Dadurch wird den ihnen unbequemen Schülern ein Weiterkommen in der Schule erschwert, ja unmöglich gemacht; kurz, diese armen Opfer werden ohne das zum Leben nötige Rüstzeug den Stürmen des Lebens ausgesetzt!

Reporter: Oh, so etwas gibt es also bei Ihnen auch ...?! Können Sie in Ihren Baumschulen auch sitzenbleiben?

Eiche: Nein, sitzen nicht – wir können höchstens stehenbleiben, aber das ist ja letzten Endes das gleiche!

Reporter: Natürlich! – Und wer sind Ihre Lehrer?

Eiche: Die Gummibäume. Die haben alle das Gumminasium besucht.

Reporter: Verzeihen Sie, wenn ich abschließend noch eine etwas, sagen wir mal, prekäre Frage an Sie richte: zu was – oder zu einer teutschen Eiche in besserem Teutsch gesprochen – wozu, glauben Sie, wird man Sie, hat man Sie, entschuldigen Sie, gefällt, verarbeiten?

Eiche: Ich weiß, daß man dermaleinst aus meinem Leichnam Bretter für Schiffe, Fässer, Parkette, Möbel und bequeme Särge fertigen wird. Seit ich aber das Vergnügen hatte, Ihre werte Bekanntschaft zu machen, glaube ich, daß man mich hauptsächlich zu *den* Brettern verarbeiten wird, die solche Menschen wie Sie vor dem Kopf haben ...!

Reporter: Ich danke Ihnen für Ihre eichenartigen Ausführungen!

Mit einem Scheich

Reporter: Liebe Fernsehzuschauer! Mit großer Freude stelle ich Ihnen heute den Regierenden Fürsten von Hamudistan, seine Hoheit Scheich Ben Fah San, vor. Sie wissen ja: Hamudistan liegt zwischen Iran und Persien. – Bitte, Herr Scheich, was verdienen Sie eigentlich so im Monat?
Scheich: Nun, ich benötige recht viel. Schließlich muß ich ab und zu hofhalten.
Reporter: Und muß man hofhalten – kann man nicht haushalten, ha-ha-ha, was?
Scheich: Außerdem kosten die vielen Frauen, die zu besitzen ich genötigt bin – nach dem Willen Allahs – viel Geld.
Reporter: Wieviel Frauen haben Sie denn so ungefähr – über den Daumen gepeilt?
Scheich: Das wechselt. Im Moment habe ich 132 Stück.
Reporter: Dann kommen Sie wohl kaum zum Regieren, ha-ha-ha, was? – Und so ein paar hundert Mark im Monat gehen da schon drauf, nicht? Schließlich können ja Ihre Frauen nicht leben wie Kirchenmäuse?!
Scheich: Nee, das schon gar nicht! Denn bei uns gibts nur Moscheen.
Reporter: Richtig, richtig! – Sie verneigen sich doch immer gen Osten, nicht?
Scheich: Nein, nicht immer! Manchmal machen wir unsere Bücklinge auch vor dem Westen! Aber

schließlich ist es ja ganz egal, von welcher Seite wir die Kanönchen erhalten, zumal man uns sowieso immer die ältesten Modelle schickt.

Reporter: Was tun Sie denn mit den Kanönchen?

Scheich: Wir vergraben sie.

Reporter: Aha, wie die Indianer ihre Kriegsbeile, was?

Scheich: Genauso, nur aus anderen Gründen: zu uns kommen nämlich oft Archäologen. Sie machen Ausgrabungen und freuen sich dann immer, wenn sie was finden. Stoßen sie dann auf die Kanönchen, schlagen sie meist ihre Hände über unseren Köpfen zusammen und rufen aus: »Götter, Gräber und Gelehrte! Was sind denn das für Dinger? Die sind ja direkt zum Schießen!«

Reporter: Jetzt hätte ich noch eine Bitte, Herr Scheich! Sagen Sie doch bitte mal irgendeinen Satz in Ihrer Landessprache, ja?!

Scheich: Da bedauere ich! Ich beherrsche diese Sprache nicht.

Reporter: Was, Sie als Regierender Fürst beherrschen ein ganzes Volk, aber nicht dessen Sprache? Das verstehe ich nicht!!!

Scheich: Aber warum regen Sie sich darüber auf? Das hat man doch auch in anderen Ländern, daß die Regierung eine andere Sprache spricht als das Volk . . .!

Beichte

»Warum machst du in Gedichten?«
fragte mich ein Menschenkind.
»Warum schreibst du nicht Geschichten,
die doch leicht verkäuflich sind?«
Oh, ich habe meine Gründe
für mein Tun – und sprach verträumt:
»Weil ich es viel schöner finde,
wenn sich hinten alles reimt«.

An einen Pessimisten

Jede Sorge, Freund, vermeide,
jedes Weh sollst du verachten.
Sieh die Lämmer auf der Weide:
sie sind fröhlich *vor* dem Schlachten.
Ahnst du nicht, wie dumm es wär',
wären sie's erst hinterher?

Moderne Sinfonie

Droben sitzet die Kapelle,
festlich und gestimmt ist sie.
Schon ertönt die dritte Schelle –
gleich beginnt die Sinfonie.

Nun wird's stille; denn es zeigt sich
der Maestro, wohlbefrackt,
steigt aufs Podium, verneigt sich,
dreht sich um und schlägt den Takt.
Geiger geigen, Bläser blasen,
Pauker pauken, Harfe harft – – –
alle Noten dieses Werkes
werden schonungslos entlarvt ...

Droben schwitzet die Kapelle,
auch der Dirigent hat's satt! –
Morgen können wir dann lesen,
ob es uns gefallen hat ...!

An einen von vielen

Als du noch warst, wollt man nichts geben.
Kaum warst du tot, ließ man dich leben!

So ist's! – Den höchsten Ruhm erworben
hat man erst dann, ist man gestorben.

Ein Männergesangverein

Fünfzig Herren über fünfzig
sitzen um des Tisches Rund.
Und sie essen und sie trinken
und sie wischen sich den Mund.

Da! Der Vorstand schwingt die Glocke,
und es wird ganz mäuschenstill,
denn die Glocke ist das Zeichen,
daß er etwas sagen will.
Und als er genug geklingelt –
ja, das Klingeln macht ihm Spaß –
steht er auf und spricht gewichtig:
na, ich denk, wir singen was!
Der Kapellmeister sucht emsig,
wo die Stimmgabel wohl steckt – – –
in der hintern Hosentasche
hat er endlich sie entdeckt.
Und er führt zum Ohr die Gabel
und macht »aaaaah« – das ist der Ton,
den man nötig für den Einsatz
hat; doch, horch, sie singen schon!
Und sie singen viel von Liebe
und von Sehnsucht und vom Mai,
und elf Verse hat dies Liedel,
und dann geht auch das vorbei.
Müde von der Armbewegung
senkt der Dirigent den Stab,

Lieder-
tafel

müde von den tiefen Tönen
wischt der Baß den Schweiß sich ab.
Der Tenor erzählt begeistert,
wie ihm heut das »fis« gelang,
und der Bariton, sich räuspernd,
sagt: »Wie gut ich heute sang!«

Doch dann sitzen alle fünfzig
wieder um des Tisches Rund.
Und sie essen und sie trinken
und sie wischen sich den Mund ...

Gedanken an der Ostsee

Wie wär die Welt so wunderbar,
umspült vom blauen Meere,
wenn diese Welt, wie's einstmals war,
ganz ohne Menschen wäre.
Dann gäb's kein Hoffen, kein Verzicht,
kein Hassen und kein Morden,
dann wär bestimmt auch dies Gedicht
nicht hingeschrieben worden.

Glocken

O Glocke! Du hängst am Turm und läutest.
Dein Läuten läutert die Leute; doch ein Berufenerer als ich hat dich bereits mehr lang als breit bedichtet.
Aber auch du, kleine Glocke am Wecker, verdienst unsere Liebe. Jeden Morgen erweckst du uns und damit in uns das Gefühl der Dankbarkeit dafür, daß wir endlich wieder unserer geliebten Arbeit nachgehen dürfen.
Nur dich, die du keinen Laut von dir gibst, dich, Käseglocke, hat noch kein Dichter besungen; denn du stehst in schlechtem Geruch.
Dabei bist du so wichtig: *alles* ist Käse!

Goethe und die Fliege

War Goethe ein größeres Wunder als eine kleine Fliege? – Das ist hier die Frage!
Sieh, wie sie so an der glatten Wand entlangwandelt, als sei das die einfachste Sache von der Welt, und sieh, wie sie ihr Gefieder glättet und sich mit dem hintersten Bein ganz vorn am Kopf kratzt.
Und jetzt – jetzt erhebt sie sich gar in die Lüfte und flattert durchs Zimmer. Und nun nimmt sie auf dem westöstlichen Diwan Platz. Doch nicht lange. Schon wieder durchpflügt sie den Raum und landet schließlich, etwas echauffiert, auf deiner Nase.
Konnte das Goethe?

Lieder der Wüste

1.

Die Sonne brütet,
als sei sie ein Vogel,
der auf seinen Eiern sitzt
und schwitzt.

Ein Sandkorn betet.
Es möchte tiefer und tiefer
zu seinen Brüdern sinken
und trinken.

Wie weit ist Nirwana — — —?

Über die Düne schreitet
ein Leu.
Blickt sich um, als wär' er
hier neu . . . . .

Ich muß weiter, denn
aus der Ferne winken
Fata und Mutta Morgana — — —

2.

Die Oase träumt im Schatten
hoher Palmen, deren Wedel
leise wippen, leise wippen.

Ein paar tote Menschenschädel,
die schon beßre Zeiten hatten,
liegen 'rum, liegen 'rum.

Plötzlich kommen zwei Kamele:
erst ein großes schweren Schrittes,
dann ein kleines leichten Trittes.

Sie benetzen ihre Kehle
mit des Tümpels trüber Soße.

Dann enteilen die Kamele:
erst das kleine, dann das große.*

Kleiner Vogel

Kleiner Vogel dort im Baum,
sing doch ruhig leiser;
denn wenn du so weiter machst,
wirst du noch ganz heiser!
Und die Stimme, die du hast,
klingt dann nicht mehr länger,
dann brauchst du ein Mikrofon,
wie'n moderner Sänger . . .!

* Diese Neudichtung eines uralten Studentenulks ist tunlichst am Klavier vorzutragen, wobei das große Kamel durch tiefes »plum-plum«, das kleine durch hohes »plim-plim« zu charakterisieren ist. Bei der letzten Zeile empfiehlt es sich, während der Worte ». . . dann das große« sich vom Klavier zu erheben und wegzugehen. Ein paar lachen dann immer.

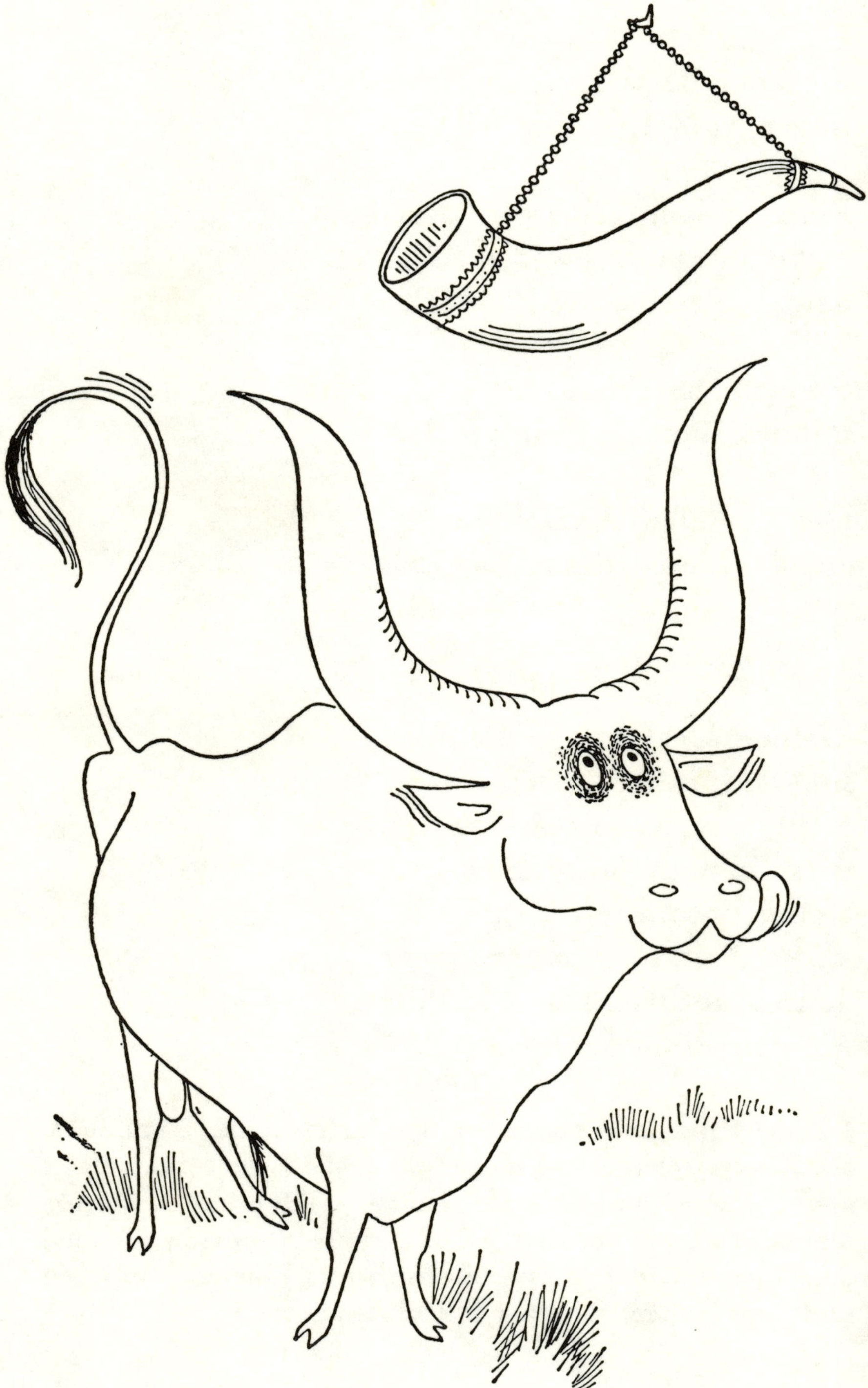

Der Stier

Ein jeder Stier hat oben vorn
auf jeder Seite je ein Horn;
doch ist es ihm nicht zuzumuten,
auf so 'nem Horn auch noch zu tuten.
Nicht drum, weil er nicht tuten kann,
nein, er kommt mit dem Maul nicht ran!

Depressionen

Gestern war ich noch so fröhlich,
heute hat es sich gegeben.
Gestern schlug ich Purzelbäume,
heute will ich nicht mehr leben.

Solch ein Zustand ist entsetzlich,
mich und meine Umwelt quäl' ich;
doch er dauert nicht sehr lange:
morgen bin ich wieder fröhlich!

Vogel und Baum

Man sieht die Lerchen mit Gesang
hoch in die Lüfte steigen.
Nur die mit »e«! Die mit dem »ä«,
die stehen da – und schweigen.

Das Finkennest

Ich fand einmal ein Finkennest,
und in demselben lag der Rest
von einem Kriminalroman.
Nun sieh mal an:
der Fink konnt' lesen!
Kein Wunder, es ist ein *Buch*fink gewesen.

Etwas über den Kuckuck

Vorgestern erzählte ein schlichter Jäger seine Erlebnisse aus Wald und Flur. Er plauderte von Bäumen und Tieren — besonders nett aber sprach er vom Kuckuck, der, wie er meinte, in freier Wildbahn ein ebenso verstecktes Dasein führe, wie bei ihm daheim an den Möbeln. Der Jäger sagte weiter: »Der Kuckuck lebt hauptsächlich in nach ihm benannten Uhren. Er ist also ein typisches *Uhr*viech. Man findet ihn aber auch im Freien, wo man ihn aber so gut wie fast selten sieht. Doch *wenn* man ihn mal sieht, dann hört man ihn höchstens. Neulich«, fuhr der Jäger fort, »ging ich im Wald einher, als mir plötzlich ein Kuckuck um die Ohren flog. Natürlich *ohne* Uhr! Ich riß nicht nur mich zusammen, sondern auch das Gewehr hoch! Zuerst drückte ich es an die Wange und dann ab! Aber da fiel mir ein, daß man erstens auf Kuckuckse gar nicht schießen darf und zweitens, daß ich mein Gewehr überhaupt nicht bei mir hatte.«
Ich hoffe, daß ich diese Geschichte richtig übersetzt habe; denn obiger Jäger bediente sich natürlich des *Lateins*.

Das Blümchen*

Im Walde ist ein Plätzchen,
ein Plätzchen wunderschön.
Beim Plätzchen steht ein Bänkchen,
das möcht' ich wiedersehn.
Beim Bänkchen wächst ein Blümchen,
ein Blümchen, weiß und rot,
das möcht' ich gerne pflücken;
denn morgen ist es tot.
Ich will's ins Wasser legen,
bis daß es fast ertrinkt,
und es so lange hegen,
bis Mutti sagt: »Es stinkt!«

* Dieses Gedicht »schrieb« der Autor mit sechs Jahren.

Ein Volkslied

Wenn ich ein Mundschmiß* wär'
und auch zwei Schaufeln hätt',
grüb' ich mich ein.
Weil ich kein Mundschmiß bin
und keine Schaufeln hab',
lass' ich es sein.

Der Spatz

Es flog ein Spatz spazieren
hinaus aus großer Stadt.
Er hatte all die Menschen
und ihr Getue satt.

Er spitzte keck den Schnabel
und pfiff sich was ins Ohr.
Er kam sich hier weit draußen
wie eine Lerche vor.

Er traf hier auch manch Rindvieh,
sah auch manch Haufen Mist....
Er sah, daß es woanders
auch nicht viel anders ist.

* Vom Volksmund auch »Maulwurf« genannt. Es ist aber unschicklich, ein Maul in den Mund zu nehmen! Auch habe ich den »Wurf« als unfein verworfen!

Die Maus

Es wollte eine kleine Maus
— im Keller wohnhaft — hoch hinaus;
und eines Nachts, auf leisen Hufen,
erklomm sie achtundneunzig Stufen
und landete mit Weh und Ach
ganz oben, dicht unter dem Dach.
Dort wartete bereits auf sie
die Katze, namens Doremi. — — —

Kaum, daß das Mäuslein nicht mehr lebte,
geschah's, daß eine Fledermaus
ein paarmal um die Katze schwebte,
zur Luke flog und dann hinaus.
Da faltete die Katz', die dreiste,
die Pfoten und sprach: »Ei, wie süß!
Da fliegt die Maus, die ich verspeiste,
als Engelein ins Paradies!«

Der Apfelschuß

Der Landvogt Geßler sprach zum Tell:
»Du weißt, ich mache nicht viel Worte!
Hier, nimm einmal die Tüte schnell,
sind Äpfel drin von bester Sorte!
Leg einen auf des Sohnes Haupt,
versuch, ihn mit dem Pfeil zu spalten!
Gelingt es dir, sei's dir erlaubt,
des Apfels Hälften zu behalten!«

Der Vater tat, wie man ihn hieß,
und Leid umwölkte seine Stirne,
der Knabe aber rief: »Komm, schieß
mir doch den Apfel von der Birne!«

Der Pfeil traf tödlich — — einen Wurm,
der in dem Apfel wohnte .....
Erst war es still, dann brach ein Sturm
des Jubels los, der 'n Schützen lohnte!
Man rief: »Ein Hoch dir, Willi Tell!
Jetzt gehn wir einen trinken, gell?«*

* Westfälische Fassung:
Man rief: »Der Tell, der schießt ja toll!
Jetzt gehn wir einen trinken, woll?«

Neues von Wilhelm Tell

Es ist das Ziel eines jeden Schützen:
der Schuß muß genau im Schwarzen sitzen!
Und einer, dem dies immer gelang
und den schon Kollege Schiller besang,
das war ein gewisser Tell aus der Schweiz.
Er schoß so gut, daß der Geßler bereits
erst in Erstaunen geriet, dann in Rage
und ausrief: »Nanu, das ist Tell's Etage!«*

Kolumbus

Als Kolumbus von seiner Amerikafahrt
nach Spanien heimkam mit Gold und mit Bart
und, hochgeehrt und umjubelt, schritt
durch die Hauptstadt des Landes, nämlich Madrid,
entdeckte er plötzlich da drüben rechts
eine hübsche Person femininen Geschlechts.
Bei ihrem Anblick – was war schon dabei –
entschlüpfte ihm was und zwar das Wort »ei« . . .

Seitdem sind die Forscher sich darüber klar,
daß das das »Ei« des Kolumbus war!

* Angeblich soll der Landvogt Geßler statt »Etage« »Geschoß« gesagt haben – aber dann würde es sich nicht auf »Rage« reimen.

Der Vielaß

Ach, ein Unglück ohne Frage
ist das Essen, doch bei Tage
kann der Mensch nicht ohne dem
sein, und das ist unbequem.
Durch des Mundes enge Schleuse
zwängt mit Mühe man die Speise,
bis sie – klein und weich zerlutscht –
tiefer in den Magen rutscht.
Bald bemerkt man, nicht erheitert,
daß der Bauch sich stark erweitert,
und mit sauerem Gesicht
stellt man fest, daß das Gewicht
sich bedenklich hat verschoben
und zwar leidergotts nach oben.

Moral:
Alles im Leben geht natürlich zu, nur die Hose
geht natürlich nicht zu!

Ballade aus Estland

Im alten Schloß zu Wesenstein,
da soll es nachts ganz finster sein.
Warum's dort finster ist bei Nacht,
das hat noch keiner 'rausgebracht.

Und jede Nacht um Mitternacht
die Turmuhr laut zwölf Schläge macht.
Warum das grad um Mitternacht,
das hat noch keiner ’rausgebracht.

Ein Dichter, dem man’s hinterbracht,
hat hieraus dies Gedicht gemacht.
Warum er dies Gedicht gemacht,
das hat noch keiner ’rausgebracht.

Fußball

Vierundvierzig Beine rasen
durch die Gegend ohne Ziel,
und weil sie so rasen müssen,
nennt man das ein Rasenspiel.

Rechts und links stehn zwei Gestelle,
je ein Spieler steht davor.
Hält den Ball er, ist ein Held er,
hält er nicht, schreit man: »Du Toooor!«

Fußball spielt man meistens immer
mit der unteren Figur.
Mit dem Kopf, obwohl’s erlaubt ist,
spielt man ihn ganz selten nur.

Birnen

Birnen sind die schönsten Früchte,
die ein Denkerhirn erfunden;
denn mit ihrem weißen Lichte
schenken sie uns Tagesstunden
wieder, die wir sonst versäumen –
doch sie stören uns beim Träumen.
Deshalb Schluß, wir drehn am Schalter!

Und die Sonne seines Lebens
sucht der arme graue Falter
in der Finsternis vergebens . . .

Schal und Rauch

Und der Rauch der Zigarette
kräuselt sich und steigt zur Decke,
und da oben wird er breiter.

Und nun sieht er deinem blauen
Schal so ähnlich, dem ich zürnte,
weil er *das* tat, was du ständig
mir verbotest, nämlich dieses:
dich ganz zärtlich zu umhalsen.

Doch nun ist der Rauch verflogen.
Nichts erinnert an den Schal mehr,
höchstens der Geschmack im Munde,
den ich habe, weil er schal ist.

Ein Zyklus

Der Frühling

Und wieder ist es Mai geworden,
es weht aus Süden statt aus Norden.
Die Knospen an den Bäumen springen,
und Vogel, Wurm und Kater singen:
fidirallala, fidirallala.

Der Herbst

Und wieder ward es Herbst hienieden,
es weht aus Norden statt aus Süden.
Die Knospen an den Bäumen ruhen,
und auch die Kater haben nichts zu tuen.
Rallafididi, rallafididi.

Ein Ostergedicht

Wer ahnte, daß zum Weihnachtsfest
Cornelia mich sitzenläßt?

Das war noch nichts: zu Ostern jetzt
hat sie mich abermals versetzt!

Nun freu' ich mich auf Pfingsten –
nicht im geringsten!

Fische

Es gibt viele Arten von Fischen – aber nur wenige Unarten, die sie nicht haben.
Teils bewegen sie sich an der Oberfläche – teils gehen sie in die Tiefe.
Man hat sie zum Fressen gern – besonders die Backfische.
Manch toller Hecht – eben sang er noch aus voller Kieme – zappelt plötzlich an der Angel.
Zu spät fallen ihm die Schuppen von den Augen.
Fische sind sehr sensibel. Werden sie beleidigt, so strecken sie die Seezunge 'raus und denken sich den Götz. Sie sind eben manchmal auch etwas barsch ...
Aber bald reichen sie ihrem Kontrahenten die Flosse – und alles ist wieder gut.
Manche Fische sind aalglatt – und es ist ihre Masche, durch eine Masche des Netzes, mit dem man sie fangen wollte, zu schlüpfen.
Einige nehmen das Maul etwas voll. Das ist nicht schlimm. Es ist nur Wasser.
Fische werden vom 20. Februar bis zum 20. März geboren – also im Mai gezeugt.
Ist es da ein Wunder, daß sie besonders liebevoll geraten sind ...?

PLÖTZE
FLUNDER
SARDINE.
HECHT (TOLLER)
BACKFISCH
AAL
KARPFEN
HECHT (NORMALER

Überlistet

Wenn Blätter von den Bäumen stürzen,
die Tage täglich sich verkürzen,
wenn Amsel, Drossel, Fink und Meisen
die Koffer packen und verreisen,
wenn all die Maden, Motten, Mücken,
die wir versäumten zu zerdrücken,
von selber sterben – so glaubt mir:
es steht der Winter vor der Tür!

Ich lass' ihn stehn!
Ich spiel ihm einen Possen!
Ich hab' die Tür verriegelt
und gut abgeschlossen!
Er kann nicht 'rein!
Ich hab' ihn angeschmiert!
Nun steht der Winter vor der Tür – – –
und friert!

Ein Weihnachtslied

Es ist Weihnachten geworden.
Kalter Wind bläst aus dem Norden
und hat Eis und Schnee gebracht.

Doch am Weihnachtsbaum die Kerzen,
die erwärmen unsre Herzen,
und des Kindes Auge lacht.

Und man sieht auf den verschneiten
Straßen weiße Engel schreiten
durch die stille, heil'ge Nacht.

* * *

Man hat ganz oben auf dem Kopfe
viel tausend Poren, dicht bei dicht.
Und nun – das ist das Wunderbare:
aus diesen Poren wachsen Haare!!!
Oder auch nicht.

Die Nase

Wenngleich die Nas', ob spitz, ob platt,
zwei Flügel – Nasenflügel – hat,
so hält sie doch nicht viel vom *Fliegen;*
das *Laufen* scheint ihr mehr zu liegen.

Die Augen

Die Augen sind nicht nur zum Sehen,
sind auch zum *Singen* eingericht' –
wie soll man es denn sonst verstehen,
wenn man von Augen*liedern* spricht?

In Eile

Kaum warst du Kind, schon bist du alt.
Du stirbst – und man vergißt dich bald.

Da hilft kein Beten und kein Lästern:
was heute ist, ist morgen gestern.

Urlaub im Urwald

Ich geh' im Urwald für mich hin . . .
Wie schön, daß ich im Urwald bin:
man kann hier noch so lange wandern,
ein Urbaum steht neben dem andern.
Und an den Bäumen, Blatt für Blatt,
hängt Urlaub. Schön, daß man ihn hat!

Historisches

Vom Alten Fritz, dem Preußenkönig,
weiß man zwar viel, doch viel zuwenig.

So ist es zum Beispiel nicht bekannt,
daß er die *Bratkartoffeln* erfand!

Drum heißen sie auch – das ist kein Witz –
Pommes Fritz!

Was duftet da?

Was duftet da in Wald und Feld,
daß man ganz dicht die Nas' hinhält?

Was klingelt da in Feld und Wald,
daß es bis ganz nach hinten schallt?

Was leuchtet da so leuchtend weiß?
Wie's heißt? Ich weiß: Glöckchen des Mais!

Harte Schicksale

Wer sich mal in die Nesseln setzt,
ist erst erschrocken, dann verletzt,
erhebt sich mühevoll und schreit
nach beßrer Sitzgelegenheit.

Den Nesseln, auch wenn sie schön blühn,
sind weiche Stühle vorzuziehn.
Auf Weichem sitzt man stets apart . . .

Nicht weich zu sitzen, das ist hart!

Kurz vor Schluß

Schön ist der Wein, bevor er getrunken,
schön ist das Schiff, bevor es gesunken,
schön ist der Herbst, solange noch Mai ist,
schön ist der Leutnant, solang er aus Blei ist.

Schön ist das Glück, wenn man es nur fände!
Schön ist dies Buch, denn gleich ist's zu Ende.

Zum Schluß

Doch nun wär' es besser, wenn ich
endlich enden würde, denn ich
seh' es schon an euren Augen,
daß mit Müh' nur ihr könnt saugen
auf in euch die Geistesblitze,
welche durch die schmale Ritze
meiner Feder bläulich fließen.
Also gut, ich will jetzt schließen.
Pegasus, hau ab, geh äsen! – – –
Und

AUF FROHES WIEDERLESEN

Inhalt